**Quelle meiner Gedanken
Band 2**

# JörnSchimmelmann

## Quelle meiner Gedanken

Gedichte, Zitate und Kurzgeschichten

Band 2

*Bibliografische Information der Deutschen
Nationalbibliothek:
Die Deutsche Nationalbibliothek verzeichnet diese
Publikation in der Deutschen Nationalbibliografie;
detaillierte bibliografische Daten sind im Internet über
http://dnb.dnb.de abrufbar.*

*© 2017 Jörn Schimmelmann
www.quellemeinergedanken.de*

*Texte, Fotos, Cover, Layout:* **Jörn Schimmelmann**

*Herstellung und Verlag:
BoD – Books on Demand, Norderstedt*

*ISBN: 978-3-7431-9671-1*

# Inhaltsverzeichnis

| | |
|---|---|
| Vorwort | 9 |
| Quelle meiner Gedanken | 11 |
| Verständnisvolle Worte | 13 |
| Aufblühende Seele | 15 |
| Atempause | 17 |
| Farbige Gedanken | 17 |
| Verändern | 17 |
| Beginnen | 19 |
| Am Morgen | 21 |
| Guten Morgen Welt! | 21 |
| Flüstern im Raum | 24 |
| Abendstille | 27 |
| Am Abend | 29 |
| Am Ende des Tages | 29 |
| Abendrot | 31 |
| Der Tag neigt sich | 31 |
| Wochenbeginn | 33 |
| Sehnsucht nach Frühling | 35 |
| Frühlingsnatur | 36 |
| Neu Aufblühen | 37 |
| Zeit zu wachsen | 38 |
| Der innere Kern | 38 |
| Lebendiges Holz | 39 |
| Halt | 41 |
| Meine Zeit | 43 |
| Glück - Schöne Momente | 44 |
| Lichtblicke | 44 |
| Übersehen | 44 |
| Kindlich staunen | 45 |
| Mit Kinderaugen sehen | 47 |
| Von den Brüchen des Lebens | 49 |
| Loslassen | 50 |
| Kämpfst für dich? | 50 |
| Sichtweise | 50 |
| Als ich aufhörte | 51 |
| Trotzig? | 51 |
| Zerrbild | 53 |
| Manchmal | 54 |

| | |
|---|---|
| Vergessen? | 55 |
| Gefühls-Tsunami | 57 |
| Loslassen | 60 |
| Besuch | 61 |
| Seelenblume | 62 |
| Wer bin ich? | 63 |
| Ich fühle, also lebe ich | 64 |
| Wie Schmetterlinge | 65 |
| Worte sind wie Federn | 67 |
| Worte | 68 |
| Über die Stärken | 69 |
| Hoffnungskeim | 70 |
| Die Kraft in mir | 71 |
| Heute | 72 |
| Warten hat ein Ende | 73 |
| Winterling | 75 |
| Du bist ein Original | 77 |
| Unverwechselbar | 78 |
| Wer passt schon in die Norm? | 78 |
| Sei dir ein Freund | 80 |
| Gesicht verlieren | 81 |
| So wie ich bin | 82 |
| Unverwechselbar | 84 |
| Freundschaft und Liebe | 85 |
| Nicht allein | 86 |
| Echte Freunde | 86 |
| Mein Freund | 87 |
| Mutter meiner Kinder | 88 |
| Noch immer | 89 |
| Dass eure Liebe stärker ist | 90 |
| Entenliebe | 92 |
| Friedenstaube | 95 |
| Frieden ist nicht nur Glück | 97 |
| Frieden | 97 |
| Gewalt | 98 |
| Aufeinander zugehn | 98 |
| Engel | 99 |
| Mensch geht's mir gut | 101 |
| Himmlische Strahlen | 103 |
| Hoffnungslicht | 104 |

| | |
|---|---|
| Alles hat seine Zeit! | 106 |
| 1. Advent | 109 |
| 2. Advent | 110 |
| 3. Advent | 110 |
| 4. Advent | 111 |
| Lichtblick | 112 |
| Das Fest der Feste | 113 |
| Der Sinn von Weihnachten | 115 |
| Weihnachtszeit | 117 |
| Silvester | 119 |
| Die Jahresuhr | 119 |
| Kurzgeschichten | 120 |
| Auf großem Fuß | 121 |
| Verspielt | 125 |
| Er flüchtet schon | 130 |
| Einbrecherjagd | 133 |
| Die Tücke der Technik | 145 |
| Dichter und Liedermacher | 152 |

## Vorwort

Im Herbst 2012 begann ich nach langer Pause wieder mit dem Schreiben. Lieder, Gedichte, Fotozitate und Kurzgeschichten. Ein Jahr später, im Herbst 2013 veröffentlichte ich das erste Buch mit meinen Texten und Zitaten unter dem Titel „Quelle meiner Gedanken" im BOD-Verlag. Seither sprudeln die Gedanken ununterbrochen weiter und seit 2015 schreibe ich auch Kurzgeschichten. Unter anderem Märchen für Kinder und Erwachsene.
Nun liegt der 2. Band von „Quelle meiner Gedanken" vor. Dieses Buch umfasst im ersten Teil Gedichte und Zitate, über das Leben, seinen Brüchen und neuer Hoffnung. Im Zweiten Teil folgen Kurzgeschichten, die das Leben schreibt und zum Schmunzeln einladen. Die Schwarzweißfotos in diesem Buch sind Momentaufnahmen und ergänzen, bzw. erweitern die Texte in diesem Buch.
Jörn Schimmelmann

*Quelle meiner Gedanken*

## Quelle meiner Gedanken

Stetig
sprudelt sie empor,
aus meinem tiefsten Inneren,
quillt sie hervor.

Niemals
versiegt sie,
fließt immerdar,
beschenkt mich mit Gedanken
so wunderbar.

Lässt mich spüren,
lässt mich sehen,
die Wunder,
die um mich herum
geschehen.

*Quelle meiner Gedanken*

## Verständnisvolle Worte

Wie der Regen
die Blüten und Blätter
mit seinen kühlen Tropfen
benetzt
und zu neuem Leben
erweckt,
so beleben
gut gemeinte
und verständnisvolle Worte
die Seele.

## Quelle meiner Gedanken

## Aufblühende Seele

Wie die warmen Strahlen
der Sonne,
das Saatkorn
zum Keimen bringt
und die Blume
aufblühen lässt,
so lässt eine
von Herzen kommende
Umarmung,
eine gute Geste
die Seele
aufblühen.

*Quelle meiner Gedanken*

## Atempause

Nicht immer ist Ablenkung
von negativen Gedanken Verdrängung,
manchmal ist es einfach
eine Atempause.

## Farbige Gedanken

Ich möchte mich nicht
von dunklen Gedanken
bestimmen lassen.
Darum zünde ich ein Lichtlein an,
um die Farben des Lebens
zu erfassen.

## Verändern

Bevor ich meine Kraft
unnötig damit verschwende
mir zu viele Gedanken darüber zu machen,
warum etwas so ist wie es ist,
möchte ich lieber
eine Idee entwickeln,
um es zu verändern.

## Am Morgen

## *Beginnen*

Wie wir den Tag beginnen,
entscheidet
über Verlieren und Gewinnen.

Gehe mutig und fröhlich
in diesen Tag.
Erwarte bewusst und gespannt,
was er dir bringen mag.

Nimm an
das Geschenk des Lebens -
so lebst du bewusst
und nicht vergebens.

## Am Morgen

## *Am Morgen*

Am Horizont empor,
die Sonne sich erhoben.
Vogelzwitschern, dringt an mein Ohr,
aus Baumes Geäst hoch oben.

Nach der Nacht ein neuer Tag,
was er mir wohl bringen mag?
Auf alles, was heute wird sein,
lasse ich mich neugierig ein.
Will mich beschenken lassen,
die Fülle des Lebens fassen.

## *Guten Morgen Welt!*

Der Himmel hat sich ausgeweint,
die Sonne voller Freude scheint.
Trag ein Lächeln in die Welt,
ein Lächeln kostet dich kein Geld!
Sieh was dieses Lächeln kann,
es steckt alle, die sehen, an.

*Am Abend*

## Am Abend

*Der folgende Text entstand während meiner langjährigen Tätigkeit als Küster in der Stadtkirche Bad Wildungen. Nach besonders anstrengenden Diensten, setzte ich mich Abends in die leere Kirche auf die Altarstufen, nahm meine Gitarre und spielte Lieder, die mir gerade in den Sinn kamen, um zu entspannen. Manchmal saß ich auch einfach nur da und lauschte.In der leeren Kirche war vieles zu hören, was am Tag vom Alltagslärm übertönt wurde.*

*Am Abend*

## *Flüstern im Raum*

Draußen wird es langsam dunkel
der Tag geht dem Ende zu,
setz mich für ein Weilchen
in die Kirche, genieße die Ruh,
die Stille die den Lärm des Tages verjagt.

So vieles zerrte heut an mir,
bin ausgelaugt und matt,
allmählich weicht die Hektik
die mich gefesselt hat.
Und wieder hat mich Zeitnot geplagt.

Ich lasse mich fallen
in die Ruhe dieses Raumes,
fühle mich geborgen
wie im Schatten eines Baumes,
so zu empfinden war am Tag mein Traum.

Fange an zu hören
was am Tag mir blieb verborgen,
denn es hielten mich vom Lauschen ab
Pflichten und Sorgen.
Und nun erahne ich das Flüstern im Raum.

Flüstern im Raum fast nicht zu hören,

## Am Abend

Flüstern im Raum und doch so klar,
Flüstern im Raum ich konnt's nicht hören,
weil ich noch gefangen war.

Langsam wird die Stille lauter,
nehme noch deutlicher wahr,
was am Tag von Lärm und Unruh
überschattet war,
und nun schöpfe ich
aus diesem Klängemeer.

Trotz der dicken Kirchenmauern
hör ich Vögel singen,
als ließen sie jetzt nur für mich
ihre Lieder klingen,
danach sehnte ich mich heute so sehr.

Flüstern im Raum fast nicht zu hören,
Flüstern im Raum und doch so klar,
Flüstern im Raum ich konnt's nicht hören,
weil ich noch gefangen war.

*Am Abend*

*Am Abend*

## *Abendstille*

Abendstille breitet sich aus,
sitze auf der Bank vor meinem Haus.
Genieße still die kommende Nacht,
mein Tagwerk ist endlich vollbracht.

Der Lärm in den Straßen sich langsam legt,
spür den Wind der zart die Blätter bewegt.
Abendkühle hüllt mich jetzt ein, ganz sacht,
höre wie die Stille langsam erwacht.

Das Singen der Vögel
jetzt deutlich zu hör'n,
niemand kann sie beim Singen stör'n.
Alles andere wird jetzt ganz leise,
der Abend kommt auf seine Weise.

Dunkelheit wirft ihre Schatten voraus.
Hinter der Mauer krabbelt eine Maus.
Sammelt noch schnell vor der langen Nacht,
die schnell einbricht, mit aller Macht.

Nur noch das Rascheln
der Blätter im Wind,
das entfernte Weinen von Nachbars Kind.
Die Straße ist verwaist wie leer gefegt.

*Am Abend*

Als hätte auch sie sich zur Ruh gelegt.

Nun ist es dunkel, nun ist es Nacht.
Der Mond und die Sterne, sie sind erwacht.
So gehe auch ich langsam in das Haus.
Zieh mir Jacke und Schuhe aus.

Darf mich nun legen, darf mich ausruhn.
Schaue zurück auf mein Hasten und Tun,
viel ist geschehn, vieles wurde getan,
lege es ab, komm in der Stille an.

Die Stille der Nacht breitet sich aus,
lieg im warmen Bett, in meinem Haus.
Genieße still die schützende Nacht,
mein Tagwerk ist nun endlich vollbracht.

## Am Abend

Es endet der Tag, der Abend beginnt.
Zeit ist endlich, Zeit verrinnt.
Lege ab, was am Tag mich gefangen,
Ruhe möchte ich empfangen.
Das Laute um mich her wird leise,
die Vögel singen ihre letzte Weise.

## Am Ende des Tages

Der Tag ist zu Ende,
der Abend bricht herein.
Hinter Hügeln schwindet, der Sonne Schein.
Die Welt sich in dunkle Hüllen deckt,
bis die Sonne sie neu erweckt.

Es endet der Tag, der Abend beginnt.
Zeit ist endlich, Zeit verrinnt.
Lege ab, was am Tag mich gefangen,
Ruhe möchte ich empfangen.
Das Laute um mich her wird leise,
die Vögel singen ihre letzte Weise

## Am Abend

## *Abendrot*

Abendrot lässt Wolken glühen,
der Tag und sein Werk verblühen.
Ich lasse los,
lege ab,
was sich am Tag begab.
Die Nacht deckt alles
mit ihrem Dunkel zu,
nun darf ich schlafen,
genießen die Ruh.

## *Der Tag neigt sich*

Der Tag
neigt sich dem Ende zu,
ich gönne
mir ein wenig Ruh.
Genieße die Stille
um mich her,
Seele,
was willst du mehr.

*Wochenbeginn*

# Wochenbeginn

Eine neue Woche beginnt,
sieh, wie die Zeit verrinnt.

Eine neue Woche,
neue Zeit.

Eine neue Woche,
mach dich bereit.

Eine neue Woche,
du darfst neu starten.

Eine neue Woche
heißt leben und nicht warten.

## Von Blumen, Pflanzen und dem Leben

## Sehnsucht nach Frühling

Trübe Tage,
kein Ende in Sicht.
Mir fehlt Wärme,
mir fehlt Licht.

Frühling,
wo bist du?
Kehr' endlich ein!
Ich heiß' dich willkommen,
erfülle mein Sein!

## *Frühlingsnatur*

Sie bricht auf mit ihren schönsten Gaben,
lässt mich lustvoll daran laben.
Frühlingsnatur
du lässt mich staunend sehen,
dein Blühen lässt in mir geschehen,
dass mein Herz vor Freude lacht,
sieh wie du mich glücklich machst.

Das Gänseblümchen dort im Gras,
ist noch vom kühlen Morgentau ganz nass.
Schau wie die Tropfen
perlen vom Blütenrand,
ich bin glücklich,
dass ich es heute fand.

Mit Kinderherzen, sehen, riechen, spüren,
in diese Welt lass ich mich gern entführen.
Die kleinen Wunder Gottes neu zu sehen,
seinen Spuren täglich nach zu gehen.
Wer dies tut, lebt nicht vergebens
empfängt das schönste Geschenk
des Lebens.

*Von Blumen, Pflanzen und dem Leben*

## Neu Aufblühen

Der Winter hatte sie verborgen,
die leuchtenden Farben des Frühjahrs.

Es war kaum vorstellbar,
dass wir sie bald wieder sehen würden.
Doch nur wenige Sonnenstrahlen
ließen sie wieder hervorkommen,
ließen sie auftauchen
wie aus dem Nichts.

Manchmal kannst auch du nicht mehr
an ein buntes, vielfältiges Leben glauben.
Zu lange schon hielten dich
die dunklen Farben gefangen.

Und dennoch:
wenige Worte des Verständnisses,
kleine Hoffnungsbotschaften,
Herzenswärme eines lieben Menschen,
können dich wieder zum Blühen,
zum Leben erwecken.

## *Zeit zu wachsen*

Nur zaghaft
beginnt das Wachsen und Sprießen.
Die Natur nimmt sich die nötige Zeit ,
um uns später
mit ihrer vollen Schönheit zu erfreuen.
Auch wir dürfen uns
die nötige Zeit nehmen.

Zeit zu wachsen,
Zeit für Veränderungen,
Zeit um in voller Schönheit
das Leben zu genießen!

## *Der innere Kern*

Die Zeit hinterlässt ihre Spuren.
Schönheit vergeht.
Niemand sieht den Kern,
der im innersten verborgen.
Still und heimlich wächst da etwas neues,
etwas wunderschönes heran.
Kannst du es sehen?

*Von Blumen, Pflanzen und dem Leben*

## *Lebendiges Holz*

Eine alte Wurzel,
totes und doch lebendiges Holz.
Scheinbar wertlos geworden.
Keine Daseinsberechtigung mehr?

Bietet diese Wurzel
nicht Raum für vielfältiges Leben?
Käfer, Ameisen, Würmer
und anderes Getier
finden hier Nahrung und Wohnung!

Diese Wurzel erfüllt nicht mehr
ihren ursprünglichen Zweck und Sinn.
Und dennoch hat sie eine neue Aufgabe,
eine neue Daseinsberechtigung,
und damit einen neuen Sinn gefunden.
Kraft schöpfen,

## Von Blumen, Pflanzen und dem Leben

## *Halt*

Halt gefunden, im geschützten Winkel.
Die Wurzeln tief in die Fugen
des kargen Sandsteins vergraben.
Langsam rankt es sich empor,
das zarte Pflänzchen.
Strebt aufwärts.
Lässt sich nicht beirren.
Wird später Blüten treiben
und mein Herz erfreuen.
Wie viel Kraft
in diesem zarten Pflänzchen steckt,
wie viel Ausdauer, wie viel Mut.

Kann ich von diesem Pflänzchen lernen?
Wie sieht es mit meinen Wurzeln aus?
Geben sie mir Halt,
werden sie mich tragen?
Ich fasse mir ein Herz, richte mich auf
Spüre die Kraft meiner Wurzeln
in mir aufsteigen.
Finde Halt trotz schwieriger Umstände,
und blühe auf zu neuem Leben

## Von Blumen, Pflanzen und dem Leben

## Meine Zeit

Sie war meinen Augen entschwunden,
eingehüllt und unsichtbar
in den schützenden Schalen ihrer Zwiebel.
Fest im kühlen Boden verwurzelt,
geduldig wartend,
bis ihre Zeit gekommen war.

Nun blüht sie wieder,
strahlt mich an,
mit ihrem kräftigen Rot.
Meine Tulpe,
die ich jedes Frühjahr
sehnlichst erwarte.

Sie spiegelt mein Leben.
Manchmal da verberge auch ich mich,
ziehe mich zurück
und schöpfe neue Kraft.
Bis meine Zeit gekommen ist.
Aufblühen,
Verblühen,
Warten,
Aufblühen.

# Glück - Schöne Momente

Wir tragen in uns viele wertvolle Schätze.
Manchmal haben wir sie so gut versteckt,
dass wir sie selbst nicht finden.

## Lichtblicke

Lichtblicke gibt es viele,
nur manchmal vergessen wir,
das Rollo hoch zu ziehen,
um sie zu sehen.

## Übersehen

Wer nur
auf das sieht,
was er nicht hat,
kann nicht sehen und genießen
was er hat.
Wer immer nur in die Ferne schaut,
übersieht
die wahren
Schätze
vor seinen Füßen

## *Kindlich staunen*

*Viele Jahre ging ich achtlos durch das Leben. Der Zauber der Kindheit war verflogen und meine Augen nahmen im Lauf der Zeit die kleinen unscheinbaren Wunder in der Natur und meinem Umfeld nicht mehr wahr.*

*Vor einigen Jahren fing ich wieder an, genauer hinzusehen. Täglich entdeckte ich neues. Ich ging in die Hocke und erforschte, was da kreucht und fleucht. Roch an der Erde, dem vom Morgentau feuchten Gras, befühlte und betastete die banalsten Dinge.*

*So schärfte sich mein Blick wieder zunehmend für das Kleine und Unscheinbare. Ich lernte neu zu staunen wie ein Kind, begann mich an den kleinsten Kleinigkeiten, wie z.B. an den kleinen Gänseblümchen zu erfreuen, so als wäre es der kostbarste Schatz. Mit Kinderaugen sehen. Welch fantastische Welt sich uns neu erschließt.*

## Mit Kinderaugen sehen

Die kleine Ameise
beladen, ach so schwer,
würde niemals stöhnen:
Mensch ich kann nicht mehr.
So schleppt sie täglich
ihre Lasten
hin und her.
Und der Ameisenbau
wächst täglich mehr und mehr.

Die Raupe sitzt
auf einem Weißkohlblatt,
frisst und frisst
als würde sie niemals satt.
Ist diese Raupe
niemals müde niemals matt?
Dass so ein kleines Tier
so großen Hunger hat.

Die Vogelfeder
die grad vom Himmel fällt,
scheint geheimnisvoll,
wie aus einer andren Welt.

## Mit Kinderaugen

Schwebt sanft
auf Windes Schwingen,
der sie sicher hält.
Ein wundersames Bild,
das mir sehr gut gefällt.

Es gibt viele Wunder
hier auf Erden zu sehn.
Doch sehe ich oft Menschen
achtlos weiter gehn.
Wär es nicht ein Wunder,
würde es geschehn.
Wenn sie stehen blieben,
um es selbst zu sehn.

Mit Kinderaugen sehen,
die Welt neu zu verstehen,
aus dieser Perspektive
entdeck ich neu und nah.
Mit Kinderaugen sehen,
die Welt neu zu verstehen,
seh ich plötzlich so vieles,
was für mich verloren war.

## Von den Brüchen des Lebens

*Nicht immer läuft alles glatt. Auch Krisen und Brüche gehören zum Leben. Wenn wir sie überstanden haben, spüren wir, dass wir trotz Einschnitten reicher geworden sind. Wir sammeln Erfahrungen, die uns stärken, wir lernen achtsam mit uns umzugehen und vieles, was wir früher als wichtig empfanden, verliert an Bedeutung und anderes wird uns wichtiger. In Krisenzeiten zeigt sich, wie wichtig echte Freunde sind. Ich persönlich erlebe nicht selten, dass es in einer guten Freundschaft immer ein Geben und Nehmen ist.*

## *Loslassen*

Manchmal müssen wir loslassen
um nach etwas Neuem greifen zu können.

## *Kämpfst für dich?*

Du kämpfst darum,
dass andere dich verstehen.
Du kämpfst darum,
dass andere dich so annehmen, wie du bist.
Kämpfst du auch darum,
dass du dich selbst so annehmen kannst,
wie du bist?

## *Sichtweise*

Es ist nicht
für mein Befinden entscheidend,
wie die Dinge wirklich sind,
sondern wie ich sie sehe
und wahrnehme
und darüber denke!

## Als ich aufhörte

Als ich aufhörte,
fing mein Leben an.
Als ich aufhörte,
mein Leben von Umständen,
Lebenssituationen,
meiner Krankheit
und von meinen Umfeld
abhängig zu machen,
wurde ich frei für das Leben.
Als ich aufhörte,
fing mein Leben an.


## Trotzig?

Ich gebe zu trotzig zu sein,
denn ich lebe trotz allem mein Leben!
Alles was sich mir in den Weg stellt,
sehe ich als Herausforderung.
Trotzig heißt: „Jetzt erst recht!"

*Von den Brüchen des Lebens*

*Von den Brüchen des Lebens*

## *Zerrbild*

Der Blick auf dich selbst
ist manchmal verzerrt,
alles was du siehst
erscheint verkehrt.
Zu dick, zu dünn, zu klein, zu groß,
dieses Bild lässt dich nicht los.

So wie Spiegel
die Wirklichkeit verdrehen,
kannst du oft die Wahrheit nicht sehen.
Dabei ist jeder Mensch ein Original,
jeden Menschen gibt es nur einmal.

Du darfst den Zerrspiegel verstecken,
dich selbst ganz neu entdecken.
So wie du bist, so bist du gut,
dies zu erkennen schenkt dir Mut.

*Von den Brüchen des Lebens*

# *Manchmal*

Manchmal
fühle ich mich einsam,
obwohl viele Menschen bei mir sind.

Manchmal
fühle ich mich leer,
obwohl ich so voll bin.

Manchmal
suche ich,
obwohl ich gefunden habe.

Manchmal
weine ich,
obwohl ich fröhlich bin.

Manchmal
ist es als stünde ich auf dem Kopf,
Obwohl ich fest auf meinen Füßen stehe.

## *Vergessen?*

Wenn sich in deinem Leben
nichts verändert,
hast du vielleicht vergessen,
Schritte zu wagen?

Wenn du nichts fühlst,
hast du vielleicht vergessen,
in dich hinein zu spüren?

Wenn du keinen Silberstreif
am Horizont siehst,
hast du vielleicht vergessen
die Augen zu öffnen?

*Von den Brüchen des Lebens*

## *Gefühls-Tsunami*

Die Gefühle rollten plötzlich
mit brachialer Gewalt
über dich hinweg
die Seele schrie zum Himmel
und doch nur tief in dich hinein.
Dann brachen alle Dämme,
und am Ende da brachst du.

Lange hast du dich dagegen gestemmt.
Lange geschwiegen, still gekämpft.
Hast gehofft und gefleht,
dass der Sturm vorüber zieht.

Hast geglaubt, du schaffst das allein
um es am Ende wirklich zu sein.
Wo waren sie, die so oft sagten,
wir werden immer zu dir stehn.
Als du sie wirklich einmal brauchtest,
nach ihnen riefst, da hörten sie dich nicht
und du warst mal wieder allein.
Als der Damm die ersten Risse zeigte,
das erste Rinnsal floss,
deine Finger nicht mehr ausreichten,

um die Löcher zu stopfen,
waren sie längst schon gegangen,
niemand war mehr da.

Gegen die gewaltigen Kräfte,
die tosende Brandung, kämpfend
schautest du hinter dich
ob da nicht doch einer wäre,
der hinter dir stehen würde,
um deinen Rücken zu stärken.

Niemand unterstützte dich,
keiner stärkte dich
in einem Kampf, den du allein
nicht gewinnen konntest.

Später sagten sie,
sie hätten es kommen sehen,
es kommt halt immer,
wie es kommen muss.
Was hätten sie denn tun sollen?

Die Gefühle rollten plötzlich
mit brachialer Gewalt
über dich hinweg
die Seele schrie zum Himmel

und doch nur tief in dich hinein.
Dann brachen alle Dämme,
und am Ende, da brachst du.

Dabei hätte ein mutmachendes Wort,
eine kleine Geste, eine helfende Hand,
ein einfaches Da sein,
großes bewirken können.

Kleines wäre groß geworden
und großes klein.
Licht wäre in das Dunkel gekommen
Wärme in dein Sein.

So rollten die Gefühle weiter
mit brachialer Gewalt
über dich hinweg
die Seele schrie zum Himmel
und doch nur tief in dich hinein.
Dann brachen alle Dämme,
und am Ende da brachst du.

## *Loslassen*

Loslassen fällt uns oft so schwer,
je älter wir werden, um so mehr.
Vertraute Wege, ob schlecht, ob gut,
für Veränderungen fehlt uns oft der Mut.

Nicht alles ist gut,
was wir so fest hier halten,
vieles hindert daran, sich frei zu entfalten.
Das Alte können wir nicht leiden,
Neues, aus Angst wir meiden.

Lasst uns diesen Teufelskreis durchbrechen
und uns gegenseitig Mut zusprechen.

Gemeinsam Neues wagen,
ohne Zögern, ohne Zagen.
Das Leben wieder neu entdecken,
kindliche Neugier aufwecken.

## Besuch

Ich habe heute jemanden besucht,
schon länger hatte ich sie
nicht mehr wahrgenommen.
Ich habe dich vermisst, sagte sie.
Fühlte mich schon länger
nicht mehr wahrgenommen von dir.
Es entstand für mich der Eindruck,
ich würde dir nicht mehr genügen.
Schon oft habe ich versucht
dich zu erreichen. Rief dir von weitem zu.
Doch es kam keine Reaktion von dir.

Plötzlich wurde mir bewusst,
dass ich sie tatsächlich schon länger
nicht mehr wahrgenommen hatte.
Und ja, ich hatte in letzter Zeit
oft einen Bogen um sie gemacht.
Hatte nicht
nach ihren Bedürfnissen geschaut.
Peinlich berührt schwieg ich,
denn ich wusste, sie hatte recht…
…meine Seele.

## Seelenblume

In der Mitte unserer Seele
blüht eine Blume.
Behüte und versorge sie gut,
damit sie nicht verwelkt.

*Von den Brüchen des Lebens*

## *Wer bin ich?*

Schaue ich in den Spiegel,
sehe ich da jemanden.
Ich frage mich manchmal:
Wer ist das, den ich da sehe?

Ich habe diese Person
schon oft gesehen,
glaube sie zu kennen.
Kenne ich sie wirklich?
Oft ist sie mir fremd.

Das Bild,
das ich mir von ihr gemacht hatte,
scheint oft nicht zu stimmen.
Traurig sieht mich diese Person an.
Warum erkennst du mich nicht?
Ich bin doch du!

Wir haben schon vieles
gemeinsam erlebt.
Warum zweifelst du?
Bin ich dir nicht gut genug?

Was muss ich tun, um dir zu genügen?
Fragen, auf die ich keine Antwort weiß.
Manchmal bin ich dieser Person sehr nah,
dann wieder weit von ihr entfernt.
Wer bin ich?

## *Ich fühle, also lebe ich*

Nicht immer gefallen mir meine Gefühle,
dennoch gehören sie zu mir.

Mal bin ich fröhlich, mal bin ich traurig.
All diese Gefühle machen mein Leben aus.

Manchmal sind meine Gefühle unerträglich,
manchmal möchte ich sie festhalten,
weil sie mir so gut tun.

Von den Brüchen des Lebens

## *Wie Schmetterlinge*

Manchmal
sind wir Menschen
wie Schmetterlinge!
Kommt man uns nahe,
flattern wir
ein kleines Stück weiter.

## Von den Brüchen des Lebens

*Von den Brüchen des Lebens*

## *Worte sind wie Federn*

Worte
sind wie Federn.

Sind sie erst einmal losgelassen,
ist es kaum noch möglich
sie in Grenzen zu fassen,
oder zurückzuholen.

Drum bedenke ganz genau,
was du anderen erzählst,
bedenke sorgfältig
welche Worte du wählst.

## *Worte*

Worte beeinflussen unser Leben,
drum bedenke deine Worte.

Worte schaffen Realitäten,
drum bedenke deine Worte.

Worte haben große Macht,
drum bedenke deine Worte.

Worte haben großen Einfluss,
drum bedenke deine Worte.

Worte erschaffen Realitäten!
Drum bedenke deine Worte über dich!

## *Über die Stärken*

Es gibt Situationen im Leben, da fühlen wir uns schwach und hilflos. Es entsteht der Eindruck, keine Kraft mehr zu haben. Die kleinsten Dinge überfordern uns. Selbst der Telefonhörer ist zu schwer, um jemanden anzurufen. Hilferufe verstummen. Wir verlieren in solchen Momenten den Blick für die Kraft, die in uns ruht.

Dabei sind wir mit vielen Talenten und Kräften ausgestattet. Wir haben lediglich verlernt, sie wahrzunehmen und uns selbst zu vertrauen. Diese Fähigkeit will neu eingeübt werden. Das erfordert Geduld. Was sich über viele Jahre festgesetzt hat, braucht seine Zeit, um es umzutrainieren.

Die folgenden Texte möchten Mut machen, die eigene Stärke und Kraft wieder zu finden.

Innere Stärke

## *Hoffnungskeim*

Erstarrt,
eingeschlossen,
wie unter einer dicken Eisschicht.
Durchsichtig zwar, aber hart
und undurchdringlich.

Ich sehe durch sie hindurch,
sehe das Leben pulsieren.
So nah und doch unerreichbar.

Doch da!
Ich sehe eine Öffnung.
Unscheinbar und klein ist sie
Ein Grashalm blickt tapfer hervor.
Bedeckt von Eiskristallen
lässt er sich nicht beirren.

Ist das nicht ein Sinnbild?
Ist das nicht ein Zeichen?
Hoffnung keimt in mir auf.

## Die Kraft in mir

Ich trage sehr viel Kraft in mir,
nicht immer kann ich sie spüren.
Ich trage sehr viel Hoffnung in mir,
wohin wird sie mich führen?
Oft suche ich vergebens,
nach den Spuren wahren Lebens.
Dabei ist das alles gar nicht fern,
ich übersehe es nur gern.

Will so gar nicht in mein Bild rein passen,
brauch doch nur danach zu fassen.
Mich bedienen, an meinen Gaben
und mich vergnüglich daran leben.

Neu, möchte ich es lernen,
die dunklen Gedanken zu entfernen.
Möchte leben, möchte lachen
und mir selbst es leichter machen.

Ich trage sehr viel Kraft in mir,
nicht immer kann ich sie spüren.
Ich trage sehr viel Hoffnung in mir,
möge sie mich führen.

# Heute

Heute
fange ich an.

Heute
entscheide ich mich selbst.

Heute
nehme ich mein Leben selbst in die Hand.

Heute
richte mich auf und erhebe mein Haupt.

Heute
gehe ich meinen Weg.

Heute
klopfe ich mir selbst auf die Schulter.

Heute
schenke ich mir selbst ein Lächeln.

Heute
erlaube ich mir alles was mir gut tut.

Heute
akzeptiere ich mich so wie ich bin.

*Innere Stärke*

Heute
stehe ich zu mir.

Heute
bin ich einfach mal nett zu mir.

Warum?
Weil ich es mir wert bin!

## Warten hat ein Ende

Warte nicht darauf,
dass dein Umfeld dich annimmt,
dich versteht, dich in den Arm nimmt!

Nimm dich selbst an,
versuche selbst dich zu verstehen,
nehme dich doch selbst einmal in den Arm.

Und siehe...
...das Warten hat ein Ende!

*Innere Stärke*

## *Winterling*

Aus totgeglaubter Erde,
zwischen trockenem Geäst,
ragt er tapfer empor,
der kleine Winterling.

Mutiger kleiner Winterling,
ich bin dankbar,
dass du dich nicht
dem Winter, der Kälte
ergeben hast.

Mit deinem leuchtendem Gelb
erweckst du meine Seele
zu neuem Leben.

## Jeder Mensch ist ein Original

# Du bist ein Original

Die Nase zu groß,
die Oberweite zu klein,
die Figur entspricht nicht den Modelmaßen.

Oft wurde dir das Gefühl vermittelt,
nicht der Norm zu entsprechen.
Doch wer entscheidet über die Norm?

Jeder Mensch ist etwas Besonderes,
jeder Mensch ist ein Original.

Wer sich selbst annimmt, wie er ist,
mit allen positiven
und auch allen negativen Seiten,
wird sich neu entdecken
und das große Geschenk des Lebens
genießen lernen.

*Jeder Mensch ist ein Original*

## *Unverwechselbar*

Möchte nicht sein wie andere,
nicht sein, wie andere mich gerne hätten.
Möchte sein, der ich bin,
einzigartig, unverwechselbar,
mit Ecken und Kanten,
mit Stärken und Schwächen,
mit Spuren, die das Leben hinterließ
und hinterlassen wird.
Ich bin, wie ich bin,
einzigartig, unverwechselbar.


## *Wer passt schon in die Norm?*

Jeder Mensch ist einzigartig.
Jeder Mensch ist etwas ganz Besonderes.

Und dennoch teilen wir
die Menschen in Kategorien ein.

Normal oder Unnormal
Gesund oder Krank
Arm oder Reich

*Jeder Mensch ist ein Original*

Heterosexuell oder Homosexuell
Weiß oder Schwarz
und... und... und...

Ist das wirklich hilfreich?
Verhindern diese Einteilungen nicht
Begegnungen mit einzigartigen Menschen?
Menschen in ihrer Individualität
wahrnehmen.
Menschen annehmen,
genau so wie sie sind.

Menschen nicht in Kategorien einteilen.
Auf Menschen offen zu gehen.
Das schafft wunderbare Begegnungen,
Begegnungen
mit wertvollen
und einzigartigen Menschen.

## *Sei dir ein Freund*

Es ist nicht wichtig,
was andere über dich denken,
wichtig ist, was du über dich denkst.
Stehe zu dem, was du bist,
stehe zu dir selbst.

Lebe dein Leben nicht so,
wie andere es gerne hätten,
lebe dein Leben so,
dass andere erkennen,
wer du wirklich bist.
Passe dich deinem Umfeld nicht so an,
dass man dich nicht mehr erkennen kann.

Gib deinem Leben
ein unverwechselbares Gesicht.
Damit andere dich jederzeit
und überall wiedererkennen.
Wenn du dich darum bemühst,
dir selbst zu gefallen,
werden auch andere Gefallen an dir finden.
Es gibt einen Menschen,
der dich besonders gut kennt,

einen Menschen, der weiß
was du brauchst und was dir gut tut.
Dieser Mensch steht dir sehr nahe,
dieser Mensch trägt deinen Namen.

## *Gesicht verlieren*

Wie andere sein zu wollen,
birgt die Gefahr sein Gesicht zu verlieren.

*Jeder Mensch ist ein Original*

## *So wie ich bin*

Würdest du mich auch dann noch mögen,
wenn du wüsstest, wie ich wirklich bin?
Würdest du noch mit mir reden,
wenn du meine Abgründe kennst
oder siehst du nur die Fassade?
Siehst nur, was du sehen willst?
Doch erst hinter der Fassade
siehst du den, der ich wirklich bin.

Bin ein Mensch mit vielen Fehlern,
auch wenn ich das nicht so will.
Bin kein Schönheitsideal,
trage keine Designerklamotten.
Doch wenn du dich ehrlich wagst,
hinter die Kulissen zu schauen,
wirst du den Menschen sehen,
der ich wirklich bin.
Manchmal denke ich, ich müsste so sein,
wie mich andre gerne sehn.
Ziehe eine Maske auf ,
pass mich meiner Umgebung an,
rede, was sie hören wollen.
Doch dann spür' deutlich,

*Jeder Mensch ist ein Original*

dass ich mich verlier,
und nehm die Maske wieder ab.

Mein Leben ist nicht glatt und rund,
hat mancherlei Ecken.
ist kantig, krumm,
läßt sich nicht in Verse stecken.
Entspricht nicht einer Norm
und keinen Idealen,
es muss nicht jedem passen,
nicht jedem Gefallen,

So wie ich geschaffen,
genauso wie ich bin,
dies als Geschenk zu sehen,
ist wahrer Lebenssinn!

## Unverwechselbar

Möchte nicht sein wie andere,
nicht sein wie andere mich gerne hätten.
Möchte sein, der ich bin.
Einzigartig, unverwechselbar.

War kein Zufall, dass es mich gibt,
war vom Schöpfer so gewollt.
Hauchte mir den Atem ein,
gab mir Herz und Verstand.
Machte mich unverwechselbar.

Bin ein Mensch
mit Ecken und Kanten,
mit Stärken und Schwächen,
mit Spuren, die das Leben hinterließ
und hinterlassen wird.

Möchte nicht sein wie andere,
nicht sein, wie andere mich gerne hätten.
Möchte sein, der ich bin,
einzigartig, unverwechselbar.

## Freundschaft und Liebe

„Es ist nicht gut, dass der Mensch allein sei!" Dieses sehr alte Bibelwort bezieht sich zwar insbesondere auf die Liebe zwischen Mann und Frau, aber letztlich gilt es für jede Form von Beziehung. Ohne Beziehungen und Freundschaften kann der Mensch nicht wirklich sein. Gerade Lebenspartner und Freunde sind eine wichtige Instanz und ein wichtiger Rückhalt. Gute Freunde begleiten uns in schwierigen Zeiten, sind uns gute Zuhörer und Berater. Sie rechnen nicht auf und legen nicht jedes Wort auf die Goldwaage.

## Nicht allein

Vor dir auf deinem Weg
da leuchtet ein Licht!
Gott sagt zu dir:
Bist nicht allein, ich sehe dich.
Ich begleite dich auf deinem Weg,
ganz egal wohin die Reise geht.
Mein Licht leuchtet stetig dir entgegen,
kümmert sich nicht um Sturm und Regen!
Meine Freundin, mein Freund,
du bist nicht allein.
Ich werde immer in deiner Nähe sein.

## Echte Freunde

Viele Menschen begegnen uns
auf unseren Lebenswegen,
nicht alle Begegnungen
werden uns zum Segen.
Doch die dauerhaften Freunde
auf unseren Lebenswegen,
die sind ein Geschenk,
sind wahrer Segen!

## Mein Freund

Ich danke dir,
dass du mich begleitest
in guten
wie in bösen Tagen.
Ich danke dir,
dass ich bei dir der sein darf,
der ich wirklich bin.
Ich danke dir, dass du da bist,
wenn ich dich
am dringendsten brauche.
Ich danke dir,
dass du mich auch
ohne Worte verstehst.
Ich danke dir,
dass es dich gibt.
Mein Freund!

*Freundschaft und Liebe*

# *Mutter meiner Kinder*

Mutter meiner Kinder,
Geliebte zugleich,
dass es dich gibt,
macht mich unendlich reich.

Durch dich erfuhr ich,
was ich vormals niemals spürte,
unendliche Liebe,
so oft mich deine Hand berührte.

Du gabst und gibst unseren Kindern so viel,
es scheint, es sei für dich
so leicht wie ein Spiel.
Du gibst so selbstlos,
ach, könnte ich so geben,
du schenktest nicht nur,
du bewahrst das Leben.
Nicht nur für unsere Kinder bist du da,
auch mir bist du ganz nah.

Mutter meiner Kinder,
Geliebte zugleich,
dass es dich gibt,
macht mich unendlich reich.

## *Noch immer*

Niemals hätte ich gedacht ,
dass mir das so viel ausmacht,
wenn ich mal ganz ohne dich bin,
und nun gehst du mir nicht mehr
aus dem Sinn.

Ich wollte nur mal ganz alleine sein
brauchte einfach mal Abstand von dir,
Und nun sitze ich hier
und spüre ganz deutlich in mir:
Ich sehne mich noch immer nach dir.

Wir hatten nicht mehr auf einander gehört
und so fast unsre Liebe zerstört.
Sag, warum verschenkten wir so viel Zeit
um jede Stunde tut es mir heute leid.

Ich liebe dich noch immer,
noch immer und noch mehr als vorher.
Zeit ohne dich ist vergebene Zeit
ich liebe dich so sehr.

*Freundschaft und Liebe*

## *Dass eure Liebe stärker ist*

Von Liebe so viel gesungen,
von Herz Schmerz und dies und das.
Doch manche Lieder
sind schon lange verklungen,
weil die Zeit gnadenlos an ihnen fraß.
Sie hielten nicht, was sie uns versprachen,
waren Schall, waren Rauch, nur heiße Luft.

Dass eure Liebe stärker ist,
dass sie hält trotz Sturm und Regen,
dass nicht die Zeit an eurer Liebe frisst,
wünschen wir euch für euer ganzes Leben!

Heut ist der schönste Tag in eurem Leben
und alle, die euch lieben, sind jetzt da.
Ihr habt das Jawort euch gegeben
und euer größter Traum,
der wird nun wahr.
Möge es für immer so bleiben
auch wenn trübe Tage eure liebe stör'n.

Ihr beiden braucht nicht viel zu sagen,
ihr wisst auch so, was dem anderen fehlt.

*Freundschaft und Liebe*

Ihr braucht einander niemals zu fragen,
dennoch spürt ihr, was den andern quält.
Vielleicht wird es auch manche Krise geben,
vielleicht erlebt ihr auch Uneinigkeit.

Dass eure Liebe stärker ist,
dass sie hält trotz Sturm und Regen,
dass nicht die Zeit an eurer Liebe frisst,
wünschen wir euch für euer ganzes Leben!

Freundschaft und Liebe

# Entenliebe

Der Erpel, der ist missgestimmt,
weil ein andrer seine Dame nimmt.
So verteidigt dieser tapfer sogleich,
mit heftigem Flügelschlag sein Reich.

Die Entin scheint desintressiert,
weil sie in keinem Fall verliert.
Lass die Männer mal machen,
am Ende werd' ich immer lachen.
Denn der, der übrig ist geblieben,
den werde ich dann lieben.

## Freundschaft und Liebe

*Der Nebenbuhler zieht sich zurück,
der andere genießt sein Glück.*

## Freundschaft und Liebe

## *Friedenstaube*

Lang schon
suche ich den Frieden,
doch die Menschen
haben sich entschieden,
feindlich
einander gegenüber zu stehn,
wollen Not und Leid
nicht sehn.

So sitze ich hier
und warte bange,
hoffentlich nicht mehr
all zu lange.

## Freundschaft und Liebe

## Frieden ist nicht nur Glück

Die Friedenstaube
kehrt uns den Rücken zu.
Wann gebt ihr Menschen endlich Ruh.
Wann endlich achtet ihr das Leben?
Das Leben, dass durch Gott gegeben.
Kein'n Grund gibt es,
zu kämpfen und zu morden.
Schafft endlich Frieden an allen Orten.
Dann kehre ich gerne zu euch zurück.
Frieden ist Wollen und nicht nur Glück.

## Frieden

Frieden hätten alle gern,
Frieden ist unendlich fern,
wenn wir ihn nicht selber leben,
wird es keinen Frieden geben.

## Gewalt

Gewalt kann niemals Gewalt vermeiden,
Gewalt verstärkt des Menschen Leiden.
Willst du wahren Frieden schaffen,
lieber Mensch, verzichte auf Waffen.
Reiche andern zur Versöhnung die Hand,
damit es Friede werde in jedem Land.

## Aufeinander zugehn

Machst du andere klein,
um selbst groß zu sein,
wirst du schon bald sehr einsam sein.

Andere wie sie sind zu sehen,
bedeutet aufeinander zuzugehen.

Diese Haltung Frieden schafft,
wirkt ganz ohne Waffenkraft.

*Dank und Hoffnung*

## *Engel*

Du schaust oft in Himmelshöhen,
möchtest so gerne Engel sehen.
So schaust und suchst du
dein ganzes Leben,
irgendwo muss es doch Engel geben.

War nicht irgendwo zu lesen,
Engel wären himmlische Wesen?
Dann müssten sie doch da zu finden sein,
hieß es nicht, wir wären niemals allein,
von Engeln wir umgeben,
die uns begleiten durch das Leben?

Plötzlich stolperst du,
die Beine knicken weg,
eh du dich versiehst, liegst du im Dreck.
Da hörst du eine Stimme, die da spricht,
ich bin da, so fürchte dich nicht.
Ein freundliches Gesicht, lächelt dir zu,
jemand hilft dir auf die Füße im Nu.
Jetzt wird es dir plötzlich klar,
Ja, es gibt Engel, es ist wahr.
Musst nicht suchen, nach ihnen spähen,

*Dank und Hoffnung*

zur rechten Zeit, wirst du sie sehen.
Oft in Menschengestalt,
doch immer ganz nah,
so oft du sie brauchst,
sind sie schon da.

Dank und Hoffnung

# *Mensch geht's mir gut*

Wenn ich auf das Elend,
den Hunger, die Not,
die Gewalt, die Kriege
in dieser Welt seh,
stelle ich fest,
wie gut ich es doch habe.
Ich lebe in einem Land,
wo Milch und Honig fließen.
Dass ich hier leben darf,
möchte ich genießen.

Wenn ich aus dem Fenster
sehe und schaue,
lächelt mir das Leben
frech entgegen.
Ich bin glücklich
und es ist kaum zu fassen.
Gehe in die Natur,
atme ein und aus,
lege mich ins Gras,
schaue nach oben
in den Himmel.
Blau strahlt er mir entgegen,

## Dank und Hoffnung

Wattewolken ziehen sanft
über mich hinweg -
hier möcht ich bleiben,
hier möcht ich niemals weg.
Bin glücklich und dankbar
für mein Leben.
Sag, womit habe
ich dieses Glück verdient?
Es ist ein wirklich ein großes Geschenk.

Mensch, geht's mir gut,
wie gut das tut.
Muss nicht hungern,
muss nicht frieren,
mich nicht im Selbstmitleid verlieren.
Ich darf leben,
ich bin überreich beschenkt.
Mensch, geht's mir gut,
wie gut das tut.

## Himmlische Strahlen

Himmlische Strahlen
schenken Wärme und Licht.
Himmlische Strahlen
lassen leuchten dein Gesicht.

Himmlische Strahlen
nicht immer zu spüren.
Himmlische Strahlen
sanft dich berühren.
Himmlische Strahlen
dich ständig begleiten.
Himmlische Strahlen.
Durchs Leben dich leiten.

Himmlische Strahlen
Tröster der Nacht.
Himmlische Strahlen,
schenken dir Kraft.

*Dank und Hoffnung*

## *Hoffnungslicht*

Licht am Ende des Tunnels,
kaum zu sehn,
ich steh im Dunkeln,
trau mich nicht zu gehn.
Fühle mich zu schwach und zu klein,
fühle mich hilflos, einsam und allein.
Das Licht scheint unerreichbar fern,
scheint wie ein weit entfernter Stern.

Sehnsuchtsvoll zieht es mich
hin zum Licht.
Wenn ich nicht gehe,
erreiche ich es nicht.
Mut macht sich langsam in mir breit,
auch wenn der Weg ist noch sehr weit.
Zum hellen, wärmenden Schein,
zieht es mich hin, da möchte ich sein.

Größer und größer
wird des Lichtes Schein,
Wärme, erfüllt mich,
erfüllt mein Sein.

## Dank und Hoffnung

Mut macht sich langsam in mir breit,
auch wenn der Weg ist noch sehr weit.
Zum hellen, wärmenden Schein,
zieht es mich hin, da möchte ich sein.

Hoffnungslicht, du heller Schein,
strahle tief ins Herz hinein.
Zauber ein Lächeln ins Gesicht,
wärm die Seele, dass sie nicht zerbricht!

Es ist das Antlitz Gottes,
es lächelt mir sanft zu,
Kommt her zu mir, hier findest du Ruh.
Ich bin dir Mutter und Vater zugleich.
In meinen Armen da ruhst du ganz weich.
Möchte dich durch dein Leben leiten,
möchte liebend, stetig dich begleiten.

Hoffnungslicht, du heller Schein,
strahle tief ins Herz hinein.
Zauber ein Lächeln ins Gesicht,
wärm die Seele, dass sie nicht zerbricht!

*Advent und Weihnachten*

# *Alles hat seine Zeit!*

28 Grad, die Sonne brennt heiß.
Schwitzend denke ich,
hol dir mal ein Eis.
Schnell in den nächsten Supermarkt hinein -
mich trifft der Schlag,
das kann ja wohl nicht sein.

Spekulatius, Pfeffernuss und Mandelkern,
esse ich an Weihnachten gern.
Doch nicht bei Sonnenglut
die brennt so heiß,
da wäre mir doch lieber,
ein kühles Eis.

Alles, alles hat seine Zeit!

Kurz vor Weihnachten,
mein Bäumchen schmücken,
Schnell noch mal den Geldbeutel zücken.
Bunte Kugeln und Lametta müssen sein,
die kaufe ich ganz schnell
im Supermarkt ein.
Kaum angekommen,

*Advent und Weihnachten*

ich glaube meinen Augen kaum,
das ist doch jetzt nur ein böser Traum.
Statt Weihnachtskugeln und Tannenspitzen,
Auf den Regalen Osterhasen sitzen.

Alles hat seine Zeit!

## Advent und Weihnachten

## 1. *Advent*

Es ist wieder Advent,
seht, die erste Kerze brennt.
Alle Welt voll Hektik und Unruhe rennt,
als hätte man den Schlussverkauf verpennt.
Es ist wieder Advent,
seht die erste Kerze brennt.

Advent, ist nicht laut, sondern leise,
Gott macht sich zu uns auf die Reise,
kommt als Kind, erstaunlicherweise,
kommt arm und klein auf seine Weise.

Advent ist Warten, ist Besinnen,
Gott will etwas Neues beginnen.
Wir dürfen spüren mit all unsern Sinnen,
Gottes Liebe, tief in uns drinnen.

## 2. Advent

Advent, Advent! Stille, laute Zeit.
Hektik macht sich in uns breit.
Habe ich schon alle Geschenke?
Dass ich ja, an alles denke!
Doch ist das wirklich, der ganze Sinn?
Ruhe und Erwartung, wo sind sie hin?
Nimm dir Zeit, für dich und dein Leben,
die Zeit im Advent, möchte viel dir geben.
Lass es uns gemeinsam entdecken
und hinter uns lassen, der Hektik Schrecken.
Advent, Advent! Stille, besinnliche Zeit.
Ruhe macht sich in uns breit!

## 3. Advent

Kerzenschein dein warmes Licht,
sanft die Dunkelheit durchbricht.
Bist du auch noch so klein,
erfüllst den Raum mit deinem Schein.

## 4. Advent

Eine weitere Kerze erhellt die Dunkelheit,
der Tag der Geburt ist nicht mehr weit.
Gott kommt zu uns auf diese Erde
damit es endlich Friede werde.
Gott macht sich unscheinbar und klein,
will auf Erden bei uns sein,
uns mit seinem Licht umhüllen,
und mit Liebe ganz erfüllen.

# Lichtblick

Lichtblick, Blick ins Licht,
Gott kommt uns von vorn entgegen.
Lichtblick, Blick ins Licht,
schenkt uns seinen Segen.

Öffnet eure Herzenstüren,
er will euch ins Leben führen.
Lasset ihn uns froh empfangen,
seine Güt und Lieb erlangen.

Gott bereichert unser Leben,
will uns Kraft und Freude geben.
Niemand muss mehr traurig sein,
denn wir sind nicht mehr allein.

Seinen Sohn hat er gegeben,
Nur damit wir wirklich leben.
Auch bei Nacht und Dunkelheit,
scheint sein Licht der Ewigkeit.

*Advent und Weihnachten*

## *Das Fest der Feste*

Da ist es nun, das Fest der Feste!
wünsch dir nur das Allerbeste.
Frieden, Ruhe und Geborgenheit
für dich selbst ein wenig Zeit.

Möge in dir das Kind erwachen,
mögest du dich freun und lachen.

Gott selbst kam zu uns auf diese Erde,
damit es endlich Friede werde.
Kam als Kind ganz nackt und bloß,
seine Liebe ist unendlich groß.

Wärme, Licht und Leben
in dein Herz will er dir geben.

Auch wenn du es kannst nicht spüren,
will dich seine Hand berühren,
will dich stärken und dich segnen,
als ein Vater dir begegnen.

Liebe soll dich ganz erfüllen,
deine tiefe Sehnsucht stillen.

## Advent und Weihnachten

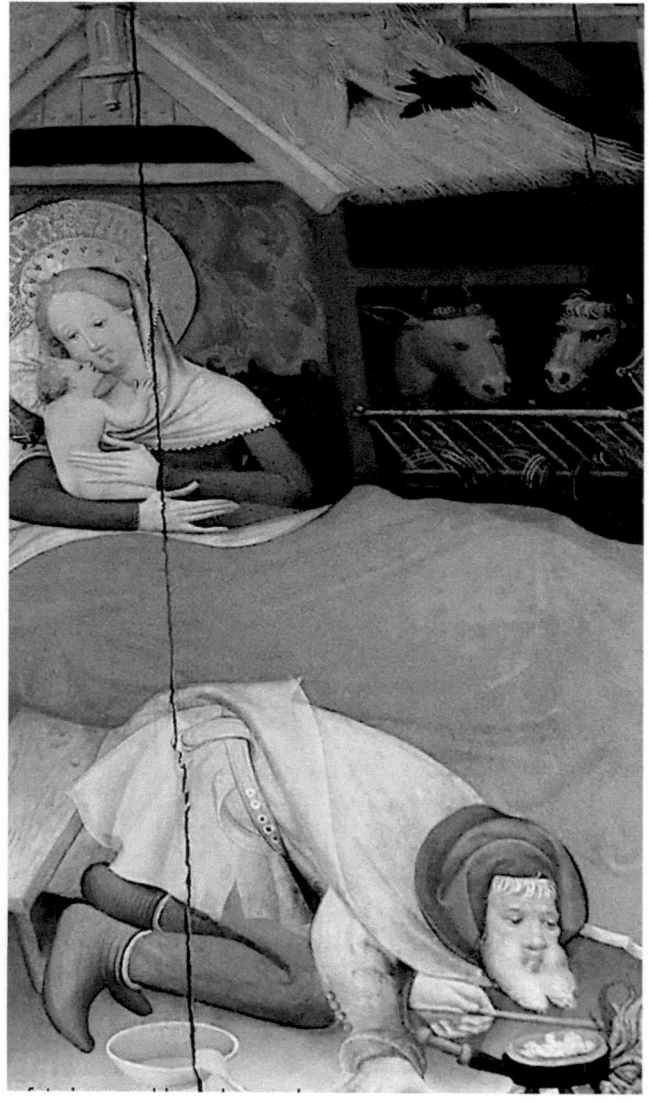

Advent und Weihnachten

# Der Sinn von Weihnachten

Das was viele
heute Weihnachten nennen,
zeigt, dass sie den wahren Grund
nicht kennen,
warum es eigentlich Weihnachten gibt.
Warum?
Weil Gott unendlich liebt.

Er möchte nicht den Weihnachtswahn,
ganz still und leise kommt er an.
Möchte des Menschen Bruder werden,
bringt wahren Frieden auf die Erden.

Nur wer vermag dies zu erkennen,
wird aufhören hektisch herumzurennen.
Wird Frieden finden, tief im Herzen,
spürt Linderung der Seelenschmerzen.

Gott kommt zu uns, macht sich ganz klein,
will gerne bei uns Menschen sein.
Nicht reich, sondern nackt und arm.
Wo er einkehrt, werden Herzen warm.

## Advent und Weihnachten

## Weihnachtszeit

O Weihnachtszeit, o Weihnachtszeit,
machst dich wieder mächtig breit.
Was haben sie aus dir gemacht?
War das wirklich so gedacht?

Kam nicht Gott zu uns als kleines Kind,
geboren im Stall bei Esel und Rind?
Kam er nicht ganz nackt und bloß,
ließ er nicht Macht und Reichtum los?
Kam er nicht zu den ärmsten der Armen
um sich derer zu erbarmen?

O Weihnachtszeit, o Weihnachtszeit,
machst dich wieder mächtig breit.
Was haben sie aus dir gemacht?
War das wirklich so gedacht?

## Jahreswechsel

## *Silvester*

Das alte Jahr zu Ende geht,
das neue mir entgegen weht.
Was wird das neue Jahr mir bringen,
wird der Start gelingen?
Soll ich gute Vorsätze fassen,
soll ich es einfach lassen.
Ich lass mich auf das Kommende ein,
denn was sein soll, dass wird sein.
Freue mich auf den Neuanfang,
alles andere geht schon seinen Gang.
Das alte Jahr zu ende geht,
das neue mir entgegen weht.

## *Die Jahresuhr*

Die Jahresuhr sich unaufhaltsam dreht.
Ein Jahr kommt, ein anderes geht.
Bedenke Mensch, begrenzt ist deine Zeit.
Lebe den Augenblick in Dankbarkeit.
Nutze sinnvoll jeden Augenblick,
denn keiner kommt zu dir zurück.

## *Kurzgeschichten*

## Geschichten die das Leben schreibt

*Der größte Humorist ist in meinen Augen das Leben selbst. Täglich erleben wir lustige Begebenheiten. Nur selten machen wir uns die Mühe, solche Erlebnisse aufzuschreiben. Auf Feiern oder unter Freunden erzählen wir manchmal solche Geschichten und haben die Lacher auf unserer Seite.*

*In jedem von uns steckt, wenn auch manchmal ein wenig verborgen oder unfreiwillig, ein komödiantisches Talent.*

*Der zweite Teil dieses Buchs widmet sich solchen Erlebnissen aus meinem Leben. Es sind wahre Begebenheiten, die sich genau so zugetragen haben. Es sind Geschichten, die das Leben schreibt.*

## Auf großem Fuß

*Die folgende Geschichte trug sich Anfang der neunzehnhundertsiebziger Jahre zu. In einer Familie mit mehreren Kindern war es zu dieser Zeit keine Seltenheit, dass die jüngeren Geschwister die Kleidung der älteren Geschwister auftrugen. Und selbst beim Schuhwerk wurde da keine Ausnahme gemacht, was nicht unbedingt gut ist für die zarten Füße eines Kindes, welches noch im Wachstum begriffen ist.* In der Regel trug ich die Kleidung meiner zwei älteren Brüder auf. So war es ein besonderer Moment, als meine Mutter mit ein paar neuen Turnschuhen für mich vom Einkauf nach Hause kam. Es waren diese legendären blauen Stoffturnschuhe, mit zwei Nieten an den Flanken versehen, die als Belüftung der Füße dienen sollten, und den weißen Gummisohlen. Zu dieser Zeit waren die heute üblichen ledernen Turnschuhe der legendären Marke, die nach einem schwarzen Raubtier benannt i, nur den Kindern reicher Eltern vorbehalten. Wiedem auch sei, ich freute mich wahnsinnig über diese neuen Turnschuhe. Am nächsten Tag war es soweit, die nächste Turnstunde stand an, und so holte ich voller Vorfreude die neuen Turnschuhe aus dem Schuhregal. Den Turnbeutel mit dem Turnzeug und den Schuhen über die Schulter hängend, machte ich mich auf den Weg zum örtlichen Sportplatz.

Nachdem ich in der Umkleidekabine meine Turnkleidung angezogen hatte, ging es daran, die neuen Schuhe in Gebrauch zu nehmen. Doch oh Schreck, was war das? Meine Füße versanken förmlich in den Schuhen, vorn und hinten war soviel Freiraum zwischen Fuß und Schuh, dass die Füße keinen Halt bekamen. Es sah so ähnlich aus, wie wenn kleine Mädchen in die viel zu großen Stöckelschuhe ihrer Mütter treten, um sich dann schlurfend vorwärts zu bewegen.

Nicht selten wurden die Schuhe ein klein wenig größer gekauft, als benötigt, denn sie sollten ja eine Weile halten, und Kinderfüße wachsen bekanntlich zeitweise sehr schnell.

Wer kennt nicht diesen legendären Satz: „ Da wächst du schon noch rein!" Aus diesem Grund dachte ich, dass sicher alles seine Ordnung hätte.

Damit die Füße einigermaßen Halt hatten, wickelte ich die Schuhriemen mehrfach oberhalb des Fußknöchels um die Beine. Es erinnerte an die Comicfigur Goofy, bekannt aus den berühmten Micky Maus Geschichten des Disney-Verlags. Für Außenstehende muss mein Gang mit den viel zu großen Schuhen urkomisch ausgesehen haben. Die Schuhe schlappten lose um den Fußknöchel, und so schlurfte ich, teilweise über die eigenen Füße stolpernd, vom Umkleideraum zum Sportplatz.

Als mich der Trainer sah, schaute er an mir herunter, bis sein Blick meine Füße mit den viel zu großen Schuhen erreichte, ließ seinen Blick mit schüttelndem Kopf auf meinen Füßen ruhen, kratzte sich am Kinn, als könne er gerade nicht glauben, was er sah, und fragte mich, ob es nicht sein könne, dass ich die Schuhe verwechselt hätte. „Nein, das

sind schon meine, wir kaufen die immer ET-
WAS größer, damit ich noch hineinwachsen
kann!" sagte ich mit vollem Ernst und aus
tiefster Überzeugung. Ich frage mich bis
heute, was dieser gestandene Mann in die-
sem Moment gedacht haben muss. Er
schüttelte nochmals irritiert den Kopf und
begann dann ohne weiteren Kommentar
mit dem Turnunterricht.

Das Turnen war in diesen Schuhen unmög-
lich, und so setzte ich nach kurzer Zeit die
Turnstunde barfuß fort. Zu Hause ange-
kommen, sagte ich zu meiner Mutter, dass
die Schuhe doch etwas zu groß geraten wä-
ren. Meine Mutter sah die Schuhe und be-
gann so heftig zu lachen, dass es ihr die Trä-
nen in die Augen trieb. Was ich bis zu die-
sem Zeitpunkt nicht wusste, sie hatte die
gleichen Turnschuhe, in entsprechender
Größe, auch für meinen vier Jahre älteren
Bruder besorgt. Ich hatte schlicht die
falschen, und eben viel zu großen Schuhe
erwischt.

## Verspielt

Während meiner Ausbildung zum Elektroinstallateur bekam ich zum wiederholten Mal den Auftrag, die Werkstatt und das Lager aufzuräumen. Das war nicht gerade der Grund meiner Berufswahl gewesen. Viel lieber wäre ich im Kundendienst oder auf einer der Baustellen eingesetzt worden. Ich liebte den Beruf, den ich erlernen wollte, und sah für meinen beruflichen Werdegang keinen Sinn darin, in der Werkstatt zu versauern und die Unordnung zu beseitigen, für die in meinen Augen andere zuständig waren.

So ist es sicherlich für jeden verständlich, dass meine Motivation nicht gerade sehr hoch angesiedelt war. Es galt, die sogenannten „Wunschkisten" auszusortieren. Das waren Kartons mit Installationsmaterial wie Schrauben, Kabelschellen, Sicherungen und vielem Kleinkram mehr, das beim Verlassen der Baustellen unsortiert in die Kartons geworfen wurde und nun in der Werkstatt herum stand. Eine langwierige und langweilige Aufgabe und in meinen Augen hatte das so gar nichts mit den Aufgaben eines angehenden Elektroinstallateurs zu tun.

Die Werkstatt mit angrenzendem Lager befand sich im Kellergeschoss des fünfstöckigen Hauses, in dem die Elektrofirma angesiedelt war. Ein Stockwerk darüber befand sich der großflächige Verkaufsraum und die weiteren Stockwerke dienten als Wohnungen der Besitzer der Firma.

Nachdem ich schon einige Stunden Kisten sortiert hatte, stellten sich erste Ermüdungserscheinungen ein. Neben der Treppe, die in den Verkaufsraum führte, befanden sich die Mitarbeitertoilette und der Aufenthaltsraum für die Monteure. Links der Toilette stand ein altes Holzregal, in dem ausgediente Elektroteile unsortiert gelagert waren. Schalter, alte Stromzähler, Steuereinheiten und viele interessante Dinge mehr. Schon oft hatte ich mich durch dieses Regal gewühlt und mir die Gerätschaften angesehen, um ihre ursprüngliche Nutzung zu erforschen und zu deuten. Ein Paradies für junge Menschen, deren Spieltrieb noch deutlich ausgeprägt ist.

Auch an diesem Tag fiel mir nach einem Toilettengang dieses ausgesprochen interessante Regal ins Auge. So vergaß ich schnell meinen ursprünglichen Auftrag und nahm mich der Gerätschaften des Regals an. Es gab wieder viel Spannendes zu sehen und zu entdecken. Mein neugieriger Blick blieb an einem grauen Kästchen hängen, das mit einigen Knöpfen bestückt war, die wohl als Schalter dienten. Für welchen Zweck dieses Kästchen ursprünglich eingesetzt war, erschloss sich mir in diesem Augenblick nicht, aber diese Schalter zogen mich magisch in den Bann.

Schalter müssen gedrückt werden, dafür sind sie da. So bewegten sich meine Finger mit wachsender Begeisterung filigran wie die Finger eines Klavierspielers über die Taster und drückten sie in unterschiedlichster Reihenfolge und wechselnder Geschwindigkeit. Im Haus entstand eine seltsame Unru-

he, die ich anfänglich gar nicht wahr nahm.
Im Treppenhaus hörte ich Schritte, die zunehmend hektischer wurden, und Stimmen, die sehr aufgeregt klangen.
Plötzlich sprang es mir förmlich ins Auge. Aus dem grauen verstaubten Kästchen führte ein Kabel heraus. Das Kabel verschwand in dem Durcheinander der Gerätschaften, die wahllos in diesem Regal herumlagen.
Mit der einen Hand hielt ich das Kästchen fest mit der anderen wanderte ich nun an dem Kabel entlang und verfolgte seinen Weg. Nachdem ich mich durch die Gerätschaften hindurch getastet hatte, sah ich, dass es sich nicht um einen Kabelrest handelte, der noch an dem Kästchen hing, wie ich es anfänglich vermutete, sondern dass es an der Wand hinter dem Regal weiter führte, seinen Weg über die Decke des Raumes nahm, um dann in einer Öffnung, die in die oberen Stockwerke führte, zu verschwinden.
Wie angewurzelt stand ich da, kreidebleich, das Gerät noch in der einen Hand haltend.

*Geschichten die das Leben schreibt*

Genau in diesem Moment der Erkenntnis wurden auch die Schritte lauter und erreichten schon bald die Treppen, die in das Kellergeschoss führten, und da tauchte auch schon die Tochter des Hauses auf. Sie war im gleichen Alter und wir hatten zusammen die Grundschule besucht.

Sie fand mich stehend vor dem Regal mit dem Kästchen in der Hand vor. Wie sich nun herausstellte, handelte es sich bei dem Gerät um einen Teil einer alten Hausrufanlage, die das ganze Haus miteinander verband und noch nicht ausgedient hatte, wie ich es anfänglich vermutet hatte. Mit meinem filigranen "Klavierspiel" hatte ich über 10 Minuten lang das ganze Haus in Aufruhr gebracht und niemand konnte sich erklären, was dieses rhythmische Geklingel im Haus ausgelöst hatte, bis mich die Tochter des Hauses mit dem schon längst in Vergessenheit geratenen Kästchen dort stehen sah.

Meine fahle Gesichtsfarbe wechselte nun von einem Moment zum anderen in einen dunkelroten Ton und ich musste sozusagen

Farbe bekennen, mich meiner Tat stellen. Seit dieser Zeit drücke ich unbedacht keine mir unbekannten Schalter mehr, bevor ich mir nicht sicher bin, ob sie noch in Betrieb sind und welchem Zweck sie dienen.

## *Er flüchtet schon*

Es war der Tag der standesamtlichen Trauung. Alles war vorbereitet und die Trauzeugen mittlerweile eingetroffen. Das Standesamt war nicht sehr weit von der Wohnung entfernt und so beschlossen sie, den Weg dorthin zu Fuß zurückzulegen. Die Braut mit dem Biedermeierstrauß in der Hand und der Bräutigam gingen voraus, die Trauzeugen und die Eltern des Brautpaares folgten ihnen. Am Himmel strahlte die Sonne warm und hell auf sie hernieder, und sie genossen den Weg und die Aufmerksamkeit der vorüber eilenden Passanten. Es hätte nicht schöner und perfekter sein können. Der Bräutigam mit stolzgeschwellter Brust, seine Braut fest umarmt, so als wolle er sie nie wieder loslassen, marschierten sie geradewegs an einer Rehaklinik vorbei, und da das Wetter an diesem Tag traumhaft war, standen auch viele der Rehapatienten auf ihren Balkonen und winkten freudig dem glücklich lächelnden Brautpaar zu. Sie wünschten ihnen viel Glück und freuten sich mit den beiden. So mancher wird an den Tag seiner eigenen Hochzeit wehmütig zurück gedacht haben. Beim Standesamt angekommen, bemerkte eine Trauzeugin, dass ihr Ausweis fehlte, den der Standesbeamte zur Trauung sehen wollte um festzustellen, dass alles ordentlich und amtlich zuging.

Die Trauzeugin durchsuchte ihre Handtasche, nichts zu finden. Eben war er doch noch da, wo könnte er sein? Der Ausweis muss wohl aus der Tasche gefallen sein, als sie ein Taschentuch herausnehmen wollte. Es blieb nur eine Möglichkeit, um dies herauszufinden: Jemand musste den Weg vom Standesamt zur Wohnung zurück gehen, um zu schauen, ob der Ausweis dort irgendwo lag. Der Standesbeamte drängelte und wollte schon einen anderen Trauzeugen bestimmen. Das war allerdings nicht im Sinne des Brautpaares und so rannte der Bräutigam unvermittelt los in der Hoffnung, den Ausweis zu finden, damit die Trauung mit den gewünschten Trauzeugen wie geplant stattfinden konnte.Der Weg führte, wie sich der werte Leser schon denken kann, wieder an der Rehaklinik vorbei. Die Patienten auf den Balkonen sahen erstaunt und verwundert auf ihn herunter, wie er da so die Straße entlang hetzte. „Seht mal, der Bräutigam flüchtet schon!", hörte er es hinter sich rufen! Die Szene, die sich den Rehapatienten bot, war wirklich filmreif. Eben noch das glückliche Brautpaar und nun der flüchtende und wie von einem wilden Tier gehetzte Bräutigam. Und keine Kamera in der Nähe, alles war echt. Das würde ihnen zu Hause niemand glauben.

Der Ausweis lag tatsächlich auf dem Bürgersteig vor der Wohnung, der Trauung stand nun nichts mehr im Weg und so nahm der Bräutigam sprichwörtlich die Beine in die Hand um schnellstmöglich wieder zum

Standesamt und damit natürlich auch zu seiner geliebten Braut zurückzukehren. „Seht mal, der Bräutigam kommt zurück! Hat es sich wohl doch noch mal anders überlegt." Kopfschüttelnd und mit verwunderten Blicken schauten ihm die Rehapatienten nach, die noch immer die vorhergehenden Eindrücke zu verarbeiten hatten.

Die Trauung konnte nun wie gewünscht stattfinden, und ein glückliches, frischvermähltes Ehepaar verließ 30 Minuten später das Standesamt. Vor der Tür trafen sie eine städtische Mitarbeiterin, die der Bräutigam gut kannte. Der Bräutigam sagte zu ihr: „Darf ich vorstellen, meine VERLOBTE!"

## *Einbrecherjagd*

Die Uhr am Armaturenbrett zeigte 22:18 Uhr an. Es war stockfinster, als wir mit unserem Kleinbus in die Hofeinfahrt fuhren und vor einem Kieshaufen hielten, der die Zufahrt zu unserer Garage versperrte. Die Einfahrt verlief zwischen Pfarrhaus und Gemeindehaus und endete an der Doppelgarage, in der normalerweise unser Bus abgestellt wurde. Ich war bei der örtlichen Kirchengemeinde als Küster angestellt und unsere Wohnung lag im ersten Stockwerk des Gemeindehauses, auf der abgewandten Seite der Einfahrt.

Zwischen Pfarrhaus und Gemeindehaus wurde an der Abflussleitung gearbeitet und der Kies sollte später zum Verfüllen des Lochs verwendet werden, das ausgehoben worden war, um an die Leitung heranzukommen und die Reparaturarbeiten ausführen zu können. Im Pfarrhaus war kein Licht zu sehen, der Pfarrer und seine Frau waren wohl schon zu Bett gegangen. Sie wohnten allein in dem großen Haus, denn die Kinder waren zu dieser Zeit erwachsen und wohnten schon längst nicht mehr in dem Haus.

War da nicht ein schmaler Lichtschein am unteren Rand des Garagentors zu sehen? Das Pfarrhaus war in letzter Zeit mehrfach von Einbrechern heimgesucht worden, so dass wir neuerdings sehr aufmerksam waren, wenn etwas verdächtig erschien.

Beklommen stieg ich aus dem Wagen, und die Fahrzeugtür schlug zurück ins Schloss. In diesem Moment ließ mich ein Geräusch aus Richtung Garage aufhorchen: Jemand hatte von innen das Garagentor zu gezogen. Einbrecher, schoss es mir durch den Kopf, und für einen Moment war ich wie gelähmt. Ich wurde nicht gerade als Held geboren, und so ist es nicht verwunderlich, dass sich in mir rasend schnell Angst breit machte. Was tun? „Hilfe holen, das ist das beste!", dachte ich und rannte die kleine Außentreppe zur Haustür des Pfarrhauses hinauf, um dann wenige Sekunden später an der Haustür Sturm zu klingeln. Doch niemand öffnete.

Meine Frau lief in unsere Wohnung, um von dort die Polizei anzurufen. Ein Handy besaßen wir damals noch nicht. Ich selbst blieb in der Einfahrt stehen und rief immer wieder in Richtung Garage: „Ich bin noch da! Eine Flucht ist zwecklos!". Ich dachte mir, es wäre jetzt eine gute Gelegenheit, die Einbrecher auf frischer Tat zu erwischen und wollte sie, obwohl selbst fast ohnmächtig vor Angst, mit meinen Rufen einschüchtern, was mir scheinbar auch gelang, denn aus der Garage war nichts zu hören. Absolute Stille, die in regelmäßigen Abständen durch mein Rufen unterbrochen wurde. Es dauerte eine gefühlte Ewigkeit bis das Polizeiauto in den Hof einbog und schließlich in der Einfahrt hinter unserem Kleinbus zum Stillstand kam. Da sich noch immer nichts in der Garage rührte, ging ich davon aus, dass die mutmaßlichen Einbrecher sich noch darin befanden. Dies teilte ich auch sogleich den beiden Beamten mit, die mittlerweile aus ihrem Fahrzeug, dabei ihre Polizeimützen ausrichtend, ausgestiegen waren. Langsam gingen sie auf das Garagentor zu und mit einem Ruck rissen sie es schlagartig auf. Unmittelbar nachdem die Beamten die Garage betreten hatten, waren aufgeregte Stimmen zu hören. Schattenhaft konnte ich zwei Männer erkennen. Der eine lag am Boden, der andere wurde durch einen Beamten an die Wand gedrückt. Dieser rief sichtlich geschockt und mit verzweifelter Stim-

## Geschichten die das Leben schreibt

me: „Der Pfarrer hat's erlaubt, der Pfarrer hat's erlaubt!".

In diesem Augenblick wurde mir schlagartig bewusst, was hier vor sich ging, und ich bewegte mich eilends in Richtung Garage, um mich zu vergewissern. Da sah ich die zwei Männer klar und deutlich vor mir, die Polizisten hatten mittlerweile das Garagenlicht wieder eingeschaltet. Am Boden lagen zwei benutzte Schlafsäcke und eine Gitarre, die ich sofort wieder erkannte. Am Nachmittag hatte ich die beiden Männer und diese Gitarre schon einmal gesehen. Es waren Landstreicher, die in der Stadt bettelten und nun hier in dieser Garage ihr Quartier aufgeschlagen hatten. Der Pfarrer war ein sehr gütiger und sozialer Mann, der gerne Durchreisenden eine vorübergehende Bleibe bot. Da wir die Garage wegen der Baustelle nicht nutzen konnten, hatte er den beiden erlaubt dort zu übernachten, worüber er uns nicht informieren konnte, da wir nicht zu Hause waren ,und so war es zu dieser Situation gekommen. Die Polizei rückte ab, nachdem ich die Aussage der beiden Landstreicher bestätigt hatte.

Am nächsten Tag bekamen die beiden von uns als Entschädigung ein warmes Mittagessen, um später wieder weiter zu ziehen. Noch einige Male waren sie bei uns zu Gast. Der Vorfall war schon fast vergessen, die Baustelle in der Garageneinfahrt inzwischen fertiggestellt und der Kieshaufen versperrte nicht mehr die Einfahrt, so dass die Garage wieder nutzbar war. An diesem Samstag waren wir zu Gast auf einer Hochzeit und kamen erst spät in der Nacht mit unserem Kleinbus zurück.

Es war eine schöne Feier gewesen und nun waren wir froh, endlich zu Hause angekommen zu sein, um dann schnellstens zu schlafen, da ich ja am nächsten Morgen wieder Dienst in der Kirche haben würde.

Als wir in den Hof einbogen, war im Pfarrhaus Licht zu sehen. Das wäre nichts Ungewöhnliches gewesen, wenn uns die Pfarrleute nicht am Tag zuvor mitgeteilt hätten, dass sie über das Wochenende verreisen würden und niemand zu Hause sei. Die werden wohl vergessen haben, das Licht auszuschalten. Da wir für solche Fälle einen Reserveschlüssel bekommen hatten, wäre es kein Problem gewesen, das Licht auszuschalten. Allerdings entwickelte sich alles schon im nächsten Moment völlig anders. Das Fahrzeug war noch nicht zum Stillstand gekommen, da wurde das Licht im Pfarrhaus plötzlich gelöscht. Merkwürdig, hatte ich mich vielleicht getäuscht, oder hatte sich nur das Licht der Scheinwerfer in den Fenstern des Pfarrhauses gespiegelt? Wir waren sehr müde und sehnten uns nach unserem warmen Bett, und so ließen wir die Sache vorerst auf sich beruhen, und gingen nun durch den Hintereingang, der direkt von der Einfahrt aus in das Gemeindehaus führte, um in unsere Wohnung zu gelangen. Doch die Gedanken kreisten weiter, wenn ich mich nun doch nicht getäuscht hatte. Es war nun mal eine Tatsache, dass in das Pfarrhaus schon öfter eingebrochen wurde, das war nicht zu leugnen. Andererseits fiel mir wieder die Situation mit den zwei Landstreichern und dem vergeblichen Polizeieinsatz ein. Nochmals wollte ich mich nicht blamieren. Aber das ganze ließ mir einfach keine Ruhe und an Schlaf war jetzt auch nicht mehr zu denken. Inzwischen war ich wieder hell wach und ging auf den Balkon, von dem aus das Fenster zu sehen war, in dem ich einige Minuten vorher geglaubt hatte, ein Licht gesehen zu haben.

Ich traute meinen Augen nicht. Das Licht war wieder an. Das war auf der einen Seite sehr merkwürdig, auf der anderen konnte es auch möglich sein, dass die Bewohner des Pfarrhauses, entgegen ihrer ursprünglichen Planung, früher zurückgekehrt waren. Für einen Moment war ich ratlos. Dann hatte ich eine Idee. Ich konnte ja den Pfarrer anrufen, da ja das Licht mehrere Male ein und ausgeschaltet worden war, müssten die Bewohner, wenn sie zu Hause wären, noch wach sein und ein Telefonat würde diese merkwürdige Situation sehr schnell und unproblematisch, vor allem ohne Polizeieinsatz aufklären. So wählte ich die Nummer des Pfarramts und ließ es lange durchklingeln. Nichts tat sich. Keiner nahm den Hörer ab, und so blieb mir nichts anderes übrig, als nochmals auf den Balkon zu gehen, um zu sehen, ob das Licht noch brannte. Doch jetzt war wieder alles dunkel. Die Verwirrung war komplett. Konnte man die Sache wirklich auf sich beruhen lassen? Wenn sich am nächsten Tag herausstellen sollte, dass tatsächlich ein Einbruch stattgefunden hatte, wie sollte ich dann erklären, warum ich nichts unternommen hatte. Nein, ich konnte nicht einfach unverrichteter Dinge schlafen gehen. So wählte ich statt dem Notruf die normale Nummer der Polizeidienststelle, da ich mir nicht sicher war, ob hier tatsächlich ein Notfall vorlag. Dem Beamten, der sich meldete, teilte ich meine Beobachtungen mit und verschwieg ihm auch nicht, dass es schon einmal einen Fehlalarm gegeben hätte und ich unsicher sei, wie ich mich jetzt am besten verhalten solle. Der Beamte fragte mich, ob wir einen Schlüssel für das Pfarrhaus hätten, was ich bejahte. Das wäre gut, und sie würden vorsichtshalber mal nachsehen.

Wenige Minuten später stand wieder einmal ein Polizeiwagen in der Einfahrt. Das gleiche Bild wie einige Wochen vorher, die Beamten stiegen aus ihrem Dienstfahrzeug, rückten ihre Mützen in die richtige Position und ließen sich von mir schildern, weshalb ich sie gerufen hatte. Sie schlossen anschließend die Haustür des Pfarramts auf, um jeden Raum des dunklen Hauses zu durchsuchen. Die elektrische Beleuchtung schalteten sie nicht an, sondern nutzten ihre Taschenlampen, um die einzelnen Räume auszuleuchten. Es war ein sehr gespenstischer Eindruck auf mich, als nach und nach hinter jedem der Fenster des Pfarrhauses der Schein der Taschenlampen aufleuchtete. Ich fühlte mich wie in einen Fernsehkrimi hineinversetzt. Kurze Zeit später kam einer der Beamten zurück und bat mich, ihn in das Haus zu begleiten. Sie hatten in einem der Räume eine scheinbar schlafende Person entdeckt, die ich nun identifizieren sollte um sicherzustellen, dass sie berechtigt war, sich dort aufzuhalten. Mit zitternden Knien und der Angst, dass jeden Moment eine dunkle Gestalt auf mich zu sprang, betrat ich das Gebäude und folgte dem Beamten zaghaft ins obere Stockwerk. Die Zimmertür, hinter der sich die schlafende Person befinden sollte, erkannte ich sofort und wusste sogleich, wer da in diesem Raum lag. Es war die Tochter des Hauses, die in ihrem Elternhaus, spontan und ohne Voranmeldung, Zwischenstation gemacht hatte. Hektisch und aufgeregt forderte ich den Beamten auf, das Gebäude schnellstens zu verlassen, in der Hoffnung, die junge Frau hätte nichts mitbekommen. Ich entschuldigte mich bei den Beamten und ging zurück in meine Wohnung.

Nach sehr unruhigem Schlaf klingelte morgens der Wecker und ich begann wenig später meinen Sonntagsdienst in der Kirche. Zehn Minuten vor Beginn des Gottesdienstes kam die Tochter der Pfarrleute in die

Kirche und fragte mich ‚ob es sein könnte, dass ich sie in Begleitung uniformierter Personen in der Nacht besucht hätte. In Kurzform schilderte ich ihr das Geschehen in der Nacht, und wir mussten beide herzhaft lachen. Jetzt erfuhr ich auch ihre Version der nächtlichen Ereignisse.

Unmittelbar als wir in der Nacht in die Einfahrt zwischen Pfarrhaus und Gemeindehaus einbogen, war sie gerade ins Bad gegangen, um wenig später in ihr Bett zurückzukehren. Da es ihr allein im Haus sehr unheimlich war, entschied sie sich, das Licht im Treppenhaus wieder einzuschalten, um eventuelle Einbrecher abzuschrecken. Nach meinem Anruf, den sie als Kontrollanruf eines Einbrechers deutete, denn einen solchen Anruf hatte es tatsächlich bei einem der vorherigen Einbrüche im Pfarrhaus schon einmal gegeben, schaltete sie in ihrer Angst das Licht wieder aus und zog sich die Bettdecke über den Kopf in der Hoffnung, sie würde im "Falle eines Falles", unbemerkt bleiben. Als die Beamten das Haus betraten,

vermutete sie sofort, die mutmaßlichen Einbrecher wären nun tatsächlich in das Haus eingedrungen und sie verkroch sich vor Angst noch tiefer unter der Bettdecke und wagte auch nicht mehr sich zu rühren.
So hatte das Geschehen der Nacht ein gutes Ende gefunden und ich eine Anekdote mehr in meinem Repertoire.

## *Die Tücke der Technik*

Der musische Pavillon des örtlichen Gymnasiums war bis auf den letzten Platz besetzt. Einsam stand ich mit einer viel zu groß geratenen Lederjacke, darunter ein roter Strickpullover und einer blauen Jeanshose auf der Bühne. Die grellen Scheinwerfer strahlten frontal in mein Gesicht und blendeten mich so stark, dass es kaum möglich war, das Publikum wahrzunehmen. Nur wenn ich mich in einem bestimmten Winkel zum Publikum stellte, konnte ich einige wenige Menschen in den ersten Reihen erkennen.
Niemals vorher hatte ich vor so vielen Menschen auf einer Bühne gestanden, und Mi-

krofone kannte ich auch nur aus dem Fernseher. Die Ansage meines Auftrittes war bereits verklungen, und erwartungsvoll blickten sämtliche Augen im Saal auf mich und meine Gitarre. Vor mir war ein Mikrofon aufgebaut, um meine Stimme zu verstärken. Die Gitarre, eine einfache Konzertgitarre mit Nylonsaiten bespannt und ohne Tonabnehmersystem, wurde nicht verstärkt. Was hatte mich „geritten", hier aufzutreten? Die Konzertbesucher waren zu einem Rock'n Roll Konzert gekommen, dass die Schülerband, auf diese Musikrichtung spezialisiert, organisiert hatte, und nun als Hauptgruppe bestritt. Stilecht mit Tolle und Lederklamotten hatten sie den ersten Teil des Programms mit Bravour gemeistert und hinter sich gebracht, und nun stand ich als Pausenfüller in dieser viel zu großen und schweren schwarzen Lederjacke, die mir der Bandleader, ohne zu fragen, übergeworfen hatte, da meine übrige Kleidung, *die* so gar nicht zu dem Outfit der Band passen wollte, auf der Bühne. Mein Freund spielte in dieser Band Klavier, und aus einer Laune heraus hatte er die Idee entwickelt, ich könnte doch gut den Pausenclown machen. Er wusste, dass ich für eine Betriebsfeier das Lied von Mike Krüger, mit dem Titel „Faltenrock", einstudiert hatte, das eine Parodie eines Rock'n Roll Titels darstellte und, wie er meinte, gut in das übrige Programm passen würde. Ich war froh, es pünktlich zu diesem Auftritt geschafft zu haben und war auch noch ziemlich außer Atem. Ausgerechnet an diesem Tag hatte mich mein damaliger Lehrherr zu einem Auftrag geschickt, der eine Stunde Autofahrt von der Firma und somit von meinem Wohnort entfernt lag, zusätzlich hatten sich technische Probleme ergeben, die einen pünktlichen Feierabend unmöglich machten. Kurz vor Beginn der Veranstaltung war ich gerade noch pünktlich, aber völlig abgehetzt am Veranstaltungsort angekommen, und stand nun da, ich armer Tor, um es frei nach Faust zu formulieren. Ich hängte mir die Gitarre über die Schulter und schlug die ersten Takte auf den Saiten an: Da, da, da, dam... Natürlich schluckte die Akustik des Raumes die unverstärkten Gitarrenklänge fast vollständig. „Lauter!" hörte ich es im Saal rufen. Ich stutzte kurz und dachte dann: „Nichts leichter als das!", schnappte mir ein weiteres Mikrofon mitsamt Ständer, und baute es vor der Gitarre auf. Dieses Mikrofon war in der Höhe so eingestellt, dass es für einen Sänger gut passte, aber nicht als Tonabnahme für eine Gitarre. So schraubte ich an dem Mikrofonständer herum, doch nichts bewegte sich. Meine Nervosität steigerte sich zunehmend, und erste Schweißperlen standen auf der Stirn, ausgelöst durch die heißen Scheinwerfer und durch das Adrenalin, das zunehmend durch meinen Körper schoss. Von einer Sekunde zur anderen schob sich der Ständer plötzlich bis zum Anschlag, nach unten zusammen, und das Ganze erzeugte einen lauten Knall. Das Mikrofon war zu diesem Zeitpunkt schon eingeschaltet und übertrug dieses Geräusch in voller Lautstärke in den ganzen Saal. Ich zog den Ständer auf die passende Höhe für die Gitarre auseinander und versuchte, diese Stellung zu fixieren, was mir partout nicht gelingen wollte, da mir die Technik nicht vertraut war. Beide Hände am Ständer, schaute ich hilfesuchend und verzweifelt nach hinten zu der Tür, durch die die Bandmitglieder zu Beginn der Pause verschwunden waren. Ich traute meinen Augen nicht, statt zu helfen, standen sie allesamt im Türrahmen und lachten. „So hilf mir doch jemand!", raunte ich nach hinten. Keiner rührte sich vom Fleck, sie standen noch immer an der selben Stelle und prusteten mittlerweile vor Lachen. Kurz bevor ich vor Verzweiflung kollabierte, fand ich heraus, wie der Mechanismus funktionierte, und der Ständer hatte nun die richtige Höhe. Derweil war ich klatschnass, und der Schweiß perlte über mein Gesicht. Unter der schweren schwarzen Lederjacke staute sich die Hitze derart, dass es einem Höllenfeuer gleich kam. Einen kurzen Moment lang nahm ich das Publikum wahr und sah, dass sich der ganze Saal bog vor Lachen. Ich erinnere mich noch heute an den Musiklehrer der Schule, ein kleiner Mann, der die Füße in die Luft warf, sich mit beiden Händen auf die Schenkel klopfte und sich dabei brüllend vor Lachen rhythmisch vor und zurück bewegte. Das Mikrofon nun richtig positioniert wissend, richtete ich mich auf, stieß dabei mit einer Hand versehentlich gegen das Mikrofon, dessen Ständer ich gerade für die Gitarre mühevoll auf die passende Höhe gebracht hatte. Es flutschte förmlich aus der dafür vorgesehenen Halterung, und baumelte nun am Mikrofonkabel hängend, hin und her. Mühsam befestigte ich es in gebeugter Haltung in der dafür vorgesehen Halterung am oberen Ende des Ständers, richtete mich abermals auf und stieß im nächsten Moment gegen das zweite Mikrofon, das meinen Gesang verstärken sollte. Das Publikum im Saal war nicht mehr zu halten, es tobte mittlerweile vor Lachen und glaubte, dass der Kampf mit der Technik einstudiert und der eigentliche Gag sei. Das Gesangsmikrofon baumelte nun in der gleichen Weise am Ständer hin und her wie schon zuvor das Mikrofon für die Gitarre. Also das gleiche Prozedere noch einmal. Das Mikrofon wurde in die entsprechend dafür vorgesehene Halterung geklemmt, und meinem eigentlichen Auftritt stand endlich nichts mehr im Weg. Der Rest meines Programms verlief ohne weitere Vorkommnisse, hatte aber um Längen nicht die Wirkung wie mein ungeplantes Vorprogramm.

Klatschnass und völlig erschöpft verließ ich die Bühne unter tosendem Applaus, und die Band bestritt den zweiten Teil ihres Konzertprogramms. Nachdem das Konzert beendet war, wurde ich von einem Reporter der Tagespresse gefragt: „Darf ich Sie fragen, wie lange Sie an diesem Sketch mit den Mikrofonen geprobt haben?"

*Über den Autor*

# Dichter und Liedermacher

Jörn Schimmelmann wurde 1962 als viertes von fünf Kindern in Bad Wildungen geboren. Er ist seit 1986 verheiratet und hat vier erwachsene Kinder.
Anfang der 1990er Jahre begann Jörn Schimmelmann mit dem Schreiben eigener Lieder, und gab regelmäßig Konzerte als Liedermacher. Nach mehrjähriger Pause aus gesundheitlichen Gründen, begann er 2012 wieder mit dem Schreiben von Texten, und neue Lieder entstanden. Seine Texte veröffentlicht er regelmäßig in sozialen Netzwerken, unter anderem auf Facebook. Regelmäßig wurde der Wunsch seiner Leserschaft an ihn herangetragen, die Texte in einem Buch zu veröffentlichen und so kam im Herbst 2013 sein erster Gedichtband „Quelle meiner Gedanken" im BOD-VERLAG heraus. Seit 2015 schreibt Jörn Schimmelmann auch Kurzgeschichten, unter anderem Märchen für Kinder und Erwachsene.
Neue Lieder entstanden. Seit 2013 ist Jörn Schimmelmann auch wieder als Liedermacher unterwegs.

www.joern-schimmelmann.de
www.quellemeinergedanken.de